TRANZLATY
El idioma es para todos

زبان سب کے لیے ہے۔

La Bella y la Bestia

خوبصورتی اور جانور

Gabrielle-Suzanne Barbot de Villeneuve

Español / اردو

Copyright © 2025 Tranzlaty
All rights reserved
Published by Tranzlaty
ISBN: 978-1-80572-097-3
Original text by Gabrielle-Suzanne Barbot de Villeneuve
La Belle et la Bête
First published in French in 1740
Taken from The Blue Fairy Book (Andrew Lang)
Illustration by Walter Crane
www.tranzlaty.com

Había una vez un rico comerciante
ایک زمانے میں ایک امیر سوداگر تھا۔
Este rico comerciante tuvo seis hijos.
اس امیر تاجر کے چھ بچے تھے۔
Tenía tres hijos y tres hijas.
اس کے تین بیٹے اور تین بیٹیاں تھیں۔
No escatimó en gastos para su educación
اس نے ان کی تعلیم کے لیے کوئی قیمت نہیں چھوڑی۔
Porque era un hombre sensato
کیونکہ وہ ایک باشعور آدمی تھا۔
pero dio a sus hijos muchos siervos
لیکن اس نے اپنے بچوں کو بہت سے نوکر دئیے
Sus hijas eran extremadamente bonitas
اس کی بیٹیاں بہت خوبصورت تھیں۔
Y su hija menor era especialmente bonita.
اور اس کی سب سے چھوٹی بیٹی خاص طور پر خوبصورت تھی۔
Desde niña ya admiraban su belleza
بچپن میں ہی اس کی خوبصورتی کی تعریف کی گئی تھی۔
y la gente la llamaba por su belleza
اور لوگ اسے اس کی خوبصورتی سے پکارتے تھے۔
Su belleza no se desvaneció a medida que envejecía.
عمر بڑھنے کے ساتھ اس کی خوبصورتی ختم نہیں ہوئی۔
Así que la gente seguía llamándola por su belleza.
تو لوگ اسے اس کی خوبصورتی سے پکارتے رہے۔
Esto puso muy celosas a sus hermanas.
اس سے اس کی بہنوں کو بہت رشک آیا
Las dos hijas mayores tenían mucho orgullo.
دونوں بڑی بیٹیوں کو بڑا فخر تھا۔
Su riqueza era la fuente de su orgullo.
ان کی دولت ان کے فخر کا باعث تھی۔
y tampoco ocultaron su orgullo
اور انہوں نے اپنا غرور بھی نہیں چھپایا
No visitaron a las hijas de otros comerciantes.
وہ دوسرے تاجروں کی بیٹیوں کے پاس نہیں جاتے تھے۔
Porque sólo se encuentran con la aristocracia.
کیونکہ وہ صرف اشرافیہ سے ملتے ہیں۔

Salían todos los días a fiestas.
وہ ہر روز پارٹیوں کے لیے باہر جاتے تھے۔
bailes, obras de teatro, conciertos, etc.
گیندیں، ڈرامے، کنسرٹ وغیرہ
y se rieron de su hermana menor
اور وہ اپنی سب سے چھوٹی بہن پر ہنسے۔
Porque pasaba la mayor parte del tiempo leyendo
کیونکہ اس نے اپنا زیادہ تر وقت پڑھنے میں صرف کیا۔
Era bien sabido que eran ricos
یہ مشہور تھا کہ وہ دولت مند تھے۔
Así que varios comerciantes eminentes pidieron su mano.
تو کئی نامور تاجروں نے ان سے ہاتھ مانگا۔
pero dijeron que no se iban a casar
لیکن انہوں نے کہا کہ وہ شادی نہیں کریں گے۔
Pero estaban dispuestos a hacer algunas excepciones.
لیکن وہ کچھ استثناء کرنے کے لیے تیار تھے۔
"Quizás podría casarme con un duque"
"شاید میں ڈیوک سے شادی کر سکتا ہوں "
"Supongo que podría casarme con un conde"
"مجھے لگتا ہے کہ میں ایک ارل سے شادی کر سکتا ہوں "
Bella agradeció muy civilizadamente a quienes le propusieron matrimonio.
خوبصورتی نے بہت ہی مہذب انداز میں ان لوگوں کا شکریہ ادا کیا جنہوں نے اسے تجویز کیا۔
Ella les dijo que todavía era demasiado joven para casarse.
اس نے انہیں بتایا کہ وہ ابھی شادی کے لیے بہت چھوٹی ہے۔
Ella quería quedarse unos años más con su padre.
وہ اپنے والد کے ساتھ مزید کچھ سال رہنا چاہتی تھی۔
De repente el comerciante perdió su fortuna.
ایک دم سوداگر اپنی قسمت کھو بیٹھا۔
Lo perdió todo excepto una pequeña casa de campo.
اس نے ایک چھوٹے سے ملک کے گھر کے علاوہ سب کچھ کھو دیا۔
Y con lágrimas en los ojos les dijo a sus hijos:
اور اس نے آنکھوں میں آنسو لیے اپنے بچوں سے کہا :
"Tenemos que ir al campo"
"ہمیں دیہی علاقوں میں جانا چاہیے "

"y debemos trabajar para vivir"
"اور ہمیں اپنی زندگی کے لیے کام کرنا چاہیے "
Las dos hijas mayores no querían abandonar el pueblo.
دونوں بڑی بیٹیاں شہر چھوڑنا نہیں چاہتی تھیں۔
Tenían varios amantes en la ciudad.
شہر میں ان کے کئی عاشق تھے۔
y estaban seguros de que uno de sus amantes se casaría con ellos
اور انہیں یقین تھا کہ ان کے چاہنے والوں میں سے کوئی ان سے شادی کرے گا۔
Pensaban que sus amantes se casarían con ellos incluso sin fortuna.
ان کا خیال تھا کہ ان کے چاہنے والے ان سے شادی کر لیں گے یہاں تک کہ خوش قسمتی سے بھی
Pero las buenas damas estaban equivocadas.
لیکن اچھی عورتیں غلط تھیں۔
Sus amantes los abandonaron muy rápidamente
ان کے چاہنے والوں نے انہیں بہت جلد چھوڑ دیا۔
porque ya no tenían fortuna
کیونکہ ان کے پاس اب کوئی خوش قسمتی نہیں تھی۔
Esto demostró que en realidad no eran muy queridos.
یہ ظاہر کرتا ہے کہ وہ اصل میں اچھی طرح سے پسند نہیں تھے
Todos dijeron que no merecían compasión.
سب نے کہا کہ وہ ترس کھانے کے لائق نہیں ہیں۔
"Nos alegra ver su orgullo humillado"
"ہمیں ان کے غرور کو پست دیکھ کر خوشی ہوئی "
"Que se sientan orgullosos de ordeñar vacas"
"وہ گائے کو دودھ دینے پر فخر کریں "
Pero estaban preocupados por Bella.
لیکن وہ خوبصورتی کے لیے فکر مند تھے۔
Ella era una criatura tan dulce
وہ اتنی پیاری مخلوق تھی۔
Ella hablaba tan amablemente a la gente pobre.
وہ غریب لوگوں سے بہت نرمی سے بات کرتی تھی۔
Y ella era de una naturaleza tan inocente.
اور وہ اتنی معصوم طبیعت کی تھی۔

Varios caballeros se habrían casado con ella.
کئی حضرات اس سے شادی کر چکے ہوں گے۔

Se habrían casado con ella aunque fuera pobre
وہ غریب ہونے کے باوجود اس سے شادی کر لیتے

pero ella les dijo que no podía casarlos
لیکن اس نے انہیں بتایا کہ وہ ان سے شادی نہیں کر سکتی

porque ella no dejaría a su padre
کیونکہ وہ اپنے باپ کو نہیں چھوڑے گی۔

Ella estaba decidida a ir con él al campo.
وہ اس کے ساتھ دیہی علاقوں میں جانے کے لیے پر عزم تھی۔

para que ella pudiera consolarlo y ayudarlo
تاکہ وہ اسے تسلی دے اور اس کی مدد کر سکے۔

La pobre belleza estaba muy triste al principio.
بیچارہ حسن پہلے تو بہت غمگین تھا۔

Ella estaba afligida por la pérdida de su fortuna.
وہ اپنی قسمت کے نقصان سے غمگین تھی۔

"Pero llorar no cambiará mi suerte"
"لیکن رونے سے میری قسمت نہیں بدلے گی "

"Debo intentar ser feliz sin riquezas"
"مجھے دولت کے بغیر خود کو خوش رکھنے کی کوشش کرنی چاہیے "

Llegaron a su casa de campo
وہ اپنے ملک کے گھر آئے

y el comerciante y sus tres hijos se dedicaron a la agricultura
اور سوداگر اور اس کے تین بیٹوں نے خود کو پالنے کے لیے لگا دیا۔

Bella se levantó a las cuatro de la mañana.
صبح چار بجے خوبصورتی بڑھ گئی۔

y se apresuró a limpiar la casa
اور وہ جلدی سے گھر صاف کرنے لگی

y se aseguró de que la cena estuviera lista
اور اس نے یقینی بنایا کہ رات کا کھانا تیار ہے۔

Al principio encontró su nueva vida muy difícil.
شروع میں اسے اپنی نئی زندگی بہت مشکل لگی

porque no estaba acostumbrada a ese tipo de trabajo
کیونکہ وہ ایسے کام کی عادی نہیں تھی۔

Pero en menos de dos meses se hizo más fuerte.
لیکن دو ماہ سے بھی کم عرصے میں وہ مضبوط ہو گئی۔

Y ella estaba más sana que nunca.
اور وہ پہلے سے زیادہ صحت مند تھی۔
Después de haber hecho su trabajo, leyó
اپنا کام کرنے کے بعد اس نے پڑھا۔
Ella tocaba el clavicémbalo
وہ ہارپسیکورڈ پر کھیلتی تھی۔
o cantaba mientras hilaba seda
یا اس نے ریشم کاتتے ہوئے گایا
Por el contrario, sus dos hermanas no sabían cómo pasar el tiempo.
اس کے برعکس، اس کی دونوں بہنیں نہیں جانتی تھیں کہ اپنا وقت کیسے گزاریں۔
Se levantaron a las diez y no hicieron nada más que holgazanear todo el día.
وہ دس بجے اٹھے اور سارا دن سستی کے سوا کچھ نہیں کیا۔
Lamentaron la pérdida de sus hermosas ropas.
انہوں نے اپنے عمدہ لباس کے نقصان پر افسوس کا اظہار کیا۔
y se quejaron de perder a sus conocidos
اور انہوں نے اپنے جاننے والوں کو کھونے کی شکایت کی۔
"Mirad a nuestra hermana menor", se dijeron.
"ہماری سب سے چھوٹی بہن کو دیکھو، "انہوں نے ایک دوسرے سے کہا
"¡Qué criatura tan pobre y estúpida es!"
"کتنی غریب اور احمق مخلوق ہے وہ "
"Es mezquino contentarse con tan poco"
"اس کا مطلب یہ ہے کہ بہت کم پر راضی رہنا "
El amable comerciante tenía una opinión muy diferente.
مہربان تاجر کی رائے بالکل مختلف تھی۔
Él sabía muy bien que Bella eclipsaba a sus hermanas.
وہ اچھی طرح جانتا تھا کہ خوبصورتی اس کی بہنوں کو پیچھے چھوڑ دیتی ہے۔
Ella los eclipsó tanto en carácter como en mente.
اس نے کردار کے ساتھ ساتھ دماغ میں بھی ان کو پیچھے چھوڑ دیا۔
Él admiraba su humildad y su arduo trabajo.
اس نے اس کی عاجزی اور اس کی محنت کی تعریف کی۔
Pero sobre todo admiraba su paciencia.

لیکن سب سے زیادہ اس نے اس کے صبر کی تعریف کی۔
Sus hermanas le dejaron todo el trabajo por hacer.
اس کی بہنوں نے اسے تمام کام کرنے کے لیے چھوڑ دیا۔
y la insultaban a cada momento
اور انہوں نے ہر لمحہ اس کی توہین کی۔
La familia había vivido así durante aproximadamente un año.
یہ خاندان تقریباً ایک سال تک ایسے ہی رہتا تھا۔
Entonces el comerciante recibió una carta de un contable.
پھر تاجر کو ایک اکاؤنٹنٹ کا خط ملا
Tenía una inversión en un barco.
اس نے ایک جہاز میں سرمایہ کاری کی تھی۔
y el barco había llegado sano y salvo
اور جہاز بحفاظت پہنچ گیا تھا۔
Esta noticia hizo que las dos hijas mayores se volvieran locas.
نے دونوں بڑی بیٹیوں کے سر پھیر دیے۔
Inmediatamente tuvieron esperanzas de regresar a la ciudad.
انہیں فوری طور پر شہر واپس آنے کی امید تھی۔
Porque estaban bastante cansados de la vida en el campo.
کیونکہ وہ دیسی زندگی سے بہت تنگ تھے۔
Fueron a ver a su padre cuando él se iba.
وہ اپنے باپ کے پاس گئے جب وہ جا رہا تھا۔
Le rogaron que les comprara ropa nueva
اُنہوں نے اُس سے التجا کی کہ وہ اُن کے لیے نئے کپڑے خریدے۔
Vestidos, cintas y todo tipo de cositas.
کپڑے، ربن، اور ہر طرح کی چھوٹی چیزیں
Pero Bella no pedía nada.
لیکن خوبصورتی نے کچھ نہیں مانگا۔
Porque pensó que el dinero no sería suficiente.
کیونکہ اس کا خیال تھا کہ پیسے کافی نہیں ہوں گے۔
No habría suficiente para comprar todo lo que sus hermanas querían.
ہر وہ چیز خریدنے کے لیے کافی نہیں ہوگی جو اس کی بہنیں چاہتی تھیں۔
- ¿Qué te gustaría, Bella? -preguntó su padre.

"تم کیا پسند کرو گی خوبصورتی؟ "اس کے والد سے پوچھا
"Gracias, padre, por la bondad de pensar en mí", dijo.
"آپ کا شکریہ، والد، میرے بارے میں سوچنے کے لئے اچھائی کے لئے ، "اس نے کہا
"Padre, ten la amabilidad de traerme una rosa"
"ابا، اتنا مہربان ہو کہ مجھے ایک گلاب لادیں "
"Porque aquí en el jardín no crecen rosas"
"کیونکہ یہاں باغ میں کوئی گلاب نہیں اگتا "
"y las rosas son una especie de rareza"
"اور گلاب ایک قسم کی نایاب ہیں "
A Bella realmente no le importaban las rosas
خوبصورتی واقعی گلابوں کی پرواہ نہیں کرتی تھی۔
Ella solo pidió algo para no condenar a sus hermanas.
اس نے صرف اپنی بہنوں کی مذمت نہ کرنے کے لیے کچھ مانگا۔
Pero sus hermanas pensaron que ella pidió rosas por otros motivos.
لیکن اس کی بہنوں کا خیال تھا کہ اس نے دوسری وجوہات کی بنا پر گلاب مانگے ہیں۔
"Lo hizo sólo para parecer especial"
"اس نے یہ صرف خاص نظر آنے کے لیے کیا "
El hombre amable continuó su viaje.
مہربان آدمی اپنے سفر پر چلا گیا۔
pero cuando llego discutieron sobre la mercancia
لیکن جب وہ پہنچا تو وہ سامان کے بارے میں بحث کرنے لگے
Y después de muchos problemas volvió tan pobre como antes.
اور بہت تکلیف کے بعد وہ پہلے کی طرح غریب واپس آیا
Estaba a un par de horas de su propia casa.
وہ اپنے گھر سے چند گھنٹوں کے اندر اندر تھا۔
y ya imaginaba la alegría de ver a sus hijos
اور اس نے پہلے ہی اپنے بچوں کو دیکھ کر خوشی کا تصور کر لیا تھا۔
pero al pasar por el bosque se perdió
لیکن جنگل میں جاتے وقت وہ گم ہو گیا۔
Llovió y nevó terriblemente
بارش ہوئی اور بہت زیادہ برف باری ہوئی۔

El viento era tan fuerte que lo arrojó del caballo.
ہوا اتنی تیز تھی کہ اس نے اسے گھوڑے سے اتار دیا۔

Y la noche se acercaba rápidamente
اور رات تیزی سے آ رہی تھی

Empezó a pensar que podría morir de hambre.
وہ سوچنے لگا کہ شاید وہ بھوکا مر جائے۔

y pensó que podría morir congelado
اور اس نے سوچا کہ شاید وہ جم جائے گا۔

y pensó que los lobos podrían comérselo
اور اس نے سوچا کہ اسے بھیڑیے کھا سکتے ہیں۔

Los lobos que oía aullar a su alrededor
وہ بھیڑیے جنہیں اس نے اپنے چاروں طرف چیختے سنا

Pero de repente vio una luz.
لیکن اچانک اس نے ایک روشنی دیکھی۔

Vio la luz a lo lejos entre los árboles.
اس نے درختوں میں سے کچھ فاصلے پر روشنی دیکھی۔

Cuando se acercó vio que la luz era un palacio.
قریب پہنچا تو دیکھا کہ روشنی ایک محل تھی۔

El palacio estaba iluminado de arriba a abajo.
محل اوپر سے نیچے تک روشن تھا۔

El comerciante agradeció a Dios por su suerte.
تاجر نے اپنی قسمت پر اللہ کا شکر ادا کیا۔

y se apresuró a ir al palacio
اور وہ جلدی سے محل کی طرف بڑھا

Pero se sorprendió al no ver gente en el palacio.
لیکن محل میں لوگوں کو نہ دیکھ کر وہ حیران ہوا۔

El patio estaba completamente vacío.
عدالت کا صحن بالکل خالی تھا۔

y no había señales de vida en ninguna parte
اور کہیں بھی زندگی کا کوئی نشان نہیں تھا۔

Su caballo lo siguió hasta el palacio.
اس کا گھوڑا اس کے پیچھے محل میں چلا گیا۔

y luego su caballo encontró un gran establo
اور پھر اس کا گھوڑا بڑا مستحکم پایا

El pobre animal estaba casi muerto de hambre.
غریب جانور تقریبا بھوکا تھا

Entonces su caballo fue a buscar heno y avena.
چنانچہ اس کا گھوڑا گھاس اور جئی تلاش کرنے کے لیے اندر گیا۔
Afortunadamente encontró mucho para comer.
خوش قسمتی سے اسے کھانے کے لیے کافی ملا
y el mercader ató su caballo al pesebre
اور سوداگر نے اپنا گھوڑا چرنی کے ساتھ باندھ دیا۔
Caminando hacia la casa no vio a nadie.
گھر کی طرف بڑھا تو اسے کوئی نظر نہیں آیا
Pero en un gran salón encontró un buen fuego.
لیکن ایک بڑے ہال میں اسے اچھی آگ لگی
y encontró una mesa puesta para uno
اور اسے ایک کے لیے ایک میز ملا
Estaba mojado por la lluvia y la nieve.
وہ بارش اور برف سے گیلا تھا۔
Entonces se acercó al fuego para secarse.
سو وہ خود کو خشک کرنے کے لیے آگ کے قریب گیا۔
"Espero que el dueño de la casa me disculpe"
"مجھے امید ہے گھر کے مالک مجھے معاف کر دیں گے "
"Supongo que no tardará mucho en aparecer alguien"
"مجھے لگتا ہے کہ کسی کے ظاہر ہونے میں زیادہ وقت نہیں لگے گا "
Esperó un tiempo considerable
اس نے کافی دیر انتظار کیا۔
Esperó hasta que dieron las once y todavía no venía nadie.
وہ گیارہ بجے تک انتظار کرتا رہا، پھر بھی کوئی نہیں آیا
Al final tenía tanta hambre que no podía esperar más.
آخرکار وہ اتنا بھوکا تھا کہ وہ مزید انتظار نہیں کر سکتا تھا۔
Tomó un poco de pollo y se lo comió en dos bocados.
اس نے چکن لیا اور دو منہ میں کھا لیا۔
Estaba temblando mientras comía la comida.
کھانا کھاتے ہوئے وہ کانپ رہا تھا۔
Después de esto bebió unas copas de vino.
اس کے بعد اس نے شراب کے چند گلاس پیے۔
Cada vez más valiente, salió del salón.
وہ مزید ہمت بڑھا کر ہال سے باہر نکل گیا۔
y atravesó varios grandes salones
اور وہ کئی بڑے ہالوں سے گزرا۔

Caminó por el palacio hasta llegar a una cámara.
وہ محل سے گزرا یہاں تک کہ وہ ایک کوٹھڑی میں آ گیا۔
Una habitación que tenía una cama muy buena.
ایک کمرہ جس میں ایک بہت اچھا بستر تھا۔
Estaba muy fatigado por su terrible experiencia.
وہ اپنی آزمائش سے بہت تھکا ہوا تھا۔
Y ya era pasada la medianoche
اور وقت آدھی رات گزر چکا تھا۔
Entonces decidió que era mejor cerrar la puerta.
تو اس نے فیصلہ کیا کہ دروازہ بند کرنا ہی بہتر ہے۔
y concluyó que debía irse a la cama
اور اس نے یہ نتیجہ اخذ کیا کہ اسے بستر پر جانا چاہئے۔
Eran las diez de la mañana cuando el comerciante se despertó.
صبح کے دس بج رہے تھے جب سوداگر بیدار ہوا۔
Justo cuando iba a levantarse vio algo
جیسے ہی وہ اٹھنے جا رہا تھا اس نے کچھ دیکھا
Se sorprendió al ver un conjunto de ropa limpia.
وہ صاف ستھرے کپڑوں کو دیکھ کر حیران رہ گیا۔
En el lugar donde había dejado su ropa sucia.
اس جگہ جہاں اس نے اپنے گندے کپڑے چھوڑے تھے۔
"Seguramente este palacio pertenece a algún tipo de hada"
"یقیناً یہ محل کسی پری کا ہے"
" Un hada que me ha visto y se ha compadecido de mí"
"ایک پری جس نے مجھے دیکھا اور ترس آیا"
Miró por una ventana
اس نے کھڑکی سے دیکھا
Pero en lugar de nieve vio el jardín más delicioso.
لیکن برف کے بجائے اس نے سب سے لذت بخش باغ دیکھا
Y en el jardín estaban las rosas más hermosas.
اور باغ میں سب سے خوبصورت گلاب تھے۔
Luego regresó al gran salón.
پھر وہ عظیم ہال میں واپس آیا
El salón donde había tomado sopa la noche anterior.
وہ ہال جہاں اس نے ایک رات پہلے سوپ کھایا تھا۔
y encontró un poco de chocolate en una mesita

اور اسے ایک چھوٹی میز پر چاکلیٹ ملی
"Gracias, buena señora hada", dijo en voz alta.
"شکریہ گڈ میڈم پری "اس نے بلند آواز میں کہا
"Gracias por ser tan cariñoso"
"اتنا خیال رکھنے کا شکریہ "
"Le estoy sumamente agradecido por todos sus favores"
"میں آپ کے تمام احسانات کا انتہائی پابند ہوں "
El hombre amable bebió su chocolate.
مہربان آدمی نے اپنی چاکلیٹ پی لی
y luego fue a buscar su caballo
اور پھر وہ اپنے گھوڑے کو ڈھونڈنے چلا گیا۔
Pero en el jardín recordó la petición de Bella.
لیکن باغ میں اسے خوبصورتی کی فرمائش یاد آ گئی۔
y cortó una rama de rosas
اور اس نے گلاب کی ایک شاخ کاٹ دی۔
Inmediatamente oyó un gran ruido
فوراً اس نے ایک بڑا شور سنا
y vio una bestia terriblemente espantosa
اور اس نے ایک بہت ہی خوفناک جانور دیکھا
Estaba tan asustado que estaba a punto de desmayarse.
وہ اتنا خوفزدہ تھا کہ وہ بے ہوش ہونے کو تیار تھا۔
-Eres muy desagradecido -le dijo la bestia.
"تم بہت ناشکرے ہو "درندے نے اس سے کہا
Y la bestia habló con voz terrible
اور حیوان خوفناک آواز میں بولا۔
"Te he salvado la vida al permitirte entrar en mi castillo"
"میں نے تمہیں اپنے محل میں جانے کی اجازت دے کر تمہاری جان بچائی ہے "
"¿Y a cambio me robas mis rosas?"
"اور اس کے بدلے میں تم میرے گلاب چراتے ہو؟ "
"Las rosas que valoro más que nada"
"وہ گلاب جن کی میں کسی بھی چیز سے بڑھ کر قدر کرتا ہوں "
"Pero morirás por lo que has hecho"
"لیکن تم اپنے کیے کے لیے مر جاؤ گے "
"Sólo te doy un cuarto de hora para que te prepares"
"میں آپ کو صرف ایک گھنٹے کا وقت دیتا ہوں اپنے آپ کو تیار کرنے

"کے لیے"

"Prepárate para la muerte y di tus oraciones"

"موت کے لیے تیار ہو جاؤ اور نماز پڑھو"

El comerciante cayó de rodillas

سوداگر گھٹنوں کے بل گر گیا۔

y alzó ambas manos

اور اس نے اپنے دونوں ہاتھ اٹھا لیے

"Mi señor, le ruego que me perdone"

"میرے آقا، میں آپ سے التجا کرتا ہوں کہ مجھے معاف کر دیں"

"No tuve intención de ofenderte"

"میرا آپ کو ناراض کرنے کا کوئی ارادہ نہیں تھا"

"Recogí una rosa para una de mis hijas"

"میں نے اپنی بیٹیوں میں سے ایک کے لیے گلاب جمع کیا"

"Ella me pidió que le trajera una rosa"

"اس نے مجھ سے گلاب لانے کو کہا"

-No soy tu señor, pero soy una bestia -respondió el monstruo.

"میں تمہارا رب نہیں ہوں، لیکن میں ایک حیوان ہوں،" "عفریت نے جواب دیا۔

"No me gustan los cumplidos"

"مجھے تعریف پسند نہیں"

"Me gusta la gente que habla como piensa"

"مجھے وہ لوگ پسند ہیں جو اپنی سوچ کے مطابق بولتے ہیں"

"No creas que me puedo conmover con halagos"

"یہ تصور نہ کریں کہ میں چاپلوسی سے متاثر ہو سکتا ہوں"

"Pero dices que tienes hijas"

"لیکن تم کہتے ہو کہ تمہاری بیٹیاں ہیں"

"Te perdonaré con una condición"

"میں تمہیں ایک شرط پر معاف کر دوں گا"

"Una de tus hijas debe venir voluntariamente a mi palacio"

"تمہاری بیٹیوں میں سے ایک خوشی سے میرے محل میں آئے"

"y ella debe sufrir por ti"

"اور اسے تمہارے لیے تکلیف اٹھانی پڑے گی"

"Déjame tener tu palabra"

"مجھے آپ کی بات کرنے دو"

"Y luego podrás continuar con tus asuntos"

"اور پھر آپ اپنے کاروبار کے بارے میں جا سکتے ہیں "

"Prométeme esto:"

"مجھ سے یہ وعدہ کرو ":

"Si tu hija se niega a morir por ti, deberás regresar dentro de tres meses"

"اگر آپ کی بیٹی آپ کے لیے مرنے سے انکار کرتی ہے تو آپ کو تین ماہ کے اندر واپس آنا چاہیے "

El comerciante no tenía intenciones de sacrificar a sus hijas.

تاجر کا اپنی بیٹیوں کو قربان کرنے کا کوئی ارادہ نہیں تھا۔

Pero, como le habían dado tiempo, quiso volver a ver a sus hijas.

لیکن، چونکہ اسے وقت دیا گیا تھا، وہ اپنی بیٹیوں کو ایک بار پھر دیکھنا چاہتا تھا۔

Así que prometió que volvería.

تو اس نے وعدہ کیا کہ وہ واپس آئے گا۔

Y la bestia le dijo que podía partir cuando quisiera.

اور جانور نے اس سے کہا کہ جب وہ چاہے نکل سکتا ہے۔

y la bestia le dijo una cosa más

اور جانور نے اسے ایک اور بات بتائی

"No te irás con las manos vacías"

"آپ خالی ہاتھ نہیں جائیں گے "

"Vuelve a la habitación donde yacías"

"اس کمرے میں واپس جائیں جہاں آپ لیٹے ہیں "

"Verás un gran cofre del tesoro vacío"

"آپ کو ایک بہت بڑا خالی خزانہ نظر آئے گا "

"Llena el cofre del tesoro con lo que más te guste"

"خزانے کے سینے کو اس چیز سے بھریں جو آپ کو بہترین لگے "

"y enviaré el cofre del tesoro a tu casa"

"اور میں خزانے کو آپ کے گھر بھیج دوں گا "

Y al mismo tiempo la bestia se retiró.

اور اسی وقت جانور پیچھے ہٹ گیا۔

"Bueno", se dijo el buen hombre.

"اچھا "اچھے آدمی نے اپنے آپ سے کہا

"Si tengo que morir, al menos dejaré algo a mis hijos"

"اگر مجھے مرنا ہے تو میں کم از کم اپنے بچوں کے لیے کچھ چھوڑ جاؤں گا "

Así que regresó al dormitorio.

تو وہ بیڈ چیمبر میں واپس آیا

y encontró una gran cantidad de piezas de oro

اور اسے سونے کے بہت سے ٹکڑے ملے

Llenó el cofre del tesoro que la bestia había mencionado.

اس نے خزانے کے سینے کو بھر دیا جس کا ذکر حیوان نے کیا تھا۔

y sacó su caballo del establo

اور اس نے اپنا گھوڑا اصطبل سے باہر نکالا۔

La alegría que sintió al entrar al palacio ahora era igual al dolor que sintió al salir de él.

محل میں داخل ہوتے ہوئے اس نے جو خوشی محسوس کی تھی وہ اب اس غم کے برابر تھی جو اس نے اسے چھوڑتے ہوئے محسوس کی تھی۔

El caballo tomó uno de los caminos del bosque.

گھوڑے نے جنگل کی ایک سڑک پکڑ لی

Y en pocas horas el buen hombre estaba en casa.

اور چند گھنٹوں میں اچھا آدمی گھر پہنچ گیا۔

Sus hijos vinieron a él

اس کے بچے اس کے پاس آئے

Pero en lugar de recibir sus abrazos con placer, los miró.

لیکن خوشی سے ان کے گلے ملنے کے بجائے اس نے ان کی طرف دیکھا

Levantó la rama que tenía en sus manos.

اس نے اپنے ہاتھ میں جو شاخ تھی اسے تھام لیا۔

y luego estalló en lágrimas

اور پھر وہ رو پڑا

"Belleza", dijo, "por favor toma estas rosas".

"خوبصورتی، "اس نے کہا،" براہ کرم یہ گلاب لے لو"

"No puedes saber lo costosas que han sido estas rosas"

"آپ نہیں جان سکتے کہ یہ گلاب کتنے مہنگے ہیں"

"Estas rosas le han costado la vida a tu padre"

"ان گلابوں نے تمہارے باپ کی جان گنوا دی ہے"

Y luego contó su fatal aventura.

اور پھر اس نے اپنے مہلک ایڈونچر کے بارے میں بتایا

Inmediatamente las dos hermanas mayores gritaron.

فوراً ہی دونوں بڑی بہنیں پکار اٹھیں۔

y le dijeron muchas cosas malas a su hermosa hermana
اور انہوں نے اپنی خوبصورت بہن سے بہت سی باتیں کہیں۔
Pero Bella no lloró en absoluto.
لیکن خوبصورتی بالکل نہیں روئی

"Mirad el orgullo de ese pequeño desgraciado", dijeron.
"انہوں نے کہا،" اس ننھے مکار کا غرور دیکھو۔"

"ella no pidió ropa fina"
"اس نے اچھے کپڑے نہیں مانگے"

"Ella debería haber hecho lo que hicimos"
"اسے وہی کرنا چاہیے تھا جو ہم نے کیا"

"ella quería distinguirse"
"وہ خود کو ممتاز کرنا چاہتی تھی"

"Así que ahora ella será la muerte de nuestro padre"
"تو اب وہ ہمارے باپ کی موت ہو گی"

"Y aún así no derrama ni una lágrima"
"اور پھر بھی وہ ایک آنسو نہیں بہاتی"

"¿Por qué debería llorar?" respondió Bella
"میں کیوں روؤں؟ "خوبصورتی نے جواب دیا۔

"Llorar sería muy innecesario"
"رونا بہت بے مقصد ہوگا"

"mi padre no sufrirá por mí"
"میرے والد میرے لیے تکلیف نہیں اٹھائیں گے"

"El monstruo aceptará a una de sus hijas"
"عفریت اپنی بیٹیوں میں سے ایک کو قبول کرے گا"

"Me ofreceré a toda su furia"
"میں اپنے آپ کو اس کے تمام غصے کے سامنے پیش کروں گا"

"Estoy muy feliz, porque mi muerte salvará la vida de mi padre"
"میں بہت خوش ہوں، کیونکہ میری موت سے میرے والد کی جان بچ جائے گی"

"mi muerte será una prueba de mi amor"
"میری موت میری محبت کا ثبوت ہو گی"

-No, hermana -dijeron sus tres hermanos.
"نہیں بہن، "اس کے تین بھائیوں نے کہا

"Eso no será"
"ایسا نہیں ہوگا"

"Iremos a buscar al monstruo"

"ہم عفریت کو ڈھونڈیں گے"

"y o lo matamos..."

"اور یا تو ہم اسے مار ڈالیں گے..."

"...o pereceremos en el intento"

"یا ہم کوشش میں ہلاک ہو جائیں گے"

"No imaginéis tal cosa, hijos míos", dijo el mercader.

"بیٹو، ایسی کسی چیز کا تصور نہ کرو،" سوداگر نے کہا

"El poder de la bestia es tan grande que no tengo esperanzas de que puedas vencerlo"

"حیوان کی طاقت اتنی عظیم ہے کہ مجھے امید نہیں ہے کہ آپ اس پر قابو پا سکتے ہیں"

"Estoy encantado con la amable y generosa oferta de Bella"

"میں خوبصورتی کی مہربان اور فراخ پیشکش سے متاثر ہوں"

"pero no puedo aceptar su generosidad"

"لیکن میں اس کی سخاوت کو قبول نہیں کر سکتا"

"Soy viejo y no me queda mucho tiempo de vida"

"میں بوڑھا ہو گیا ہوں، اور میرے پاس زیادہ جینے کی ضرورت نہیں ہے"

"Así que sólo puedo perder unos pocos años"

"لہذا میں صرف چند سال کھو سکتا ہوں"

"Tiempo que lamento por vosotros, mis queridos hijos"

"وہ وقت جس کا مجھے آپ کے لیے افسوس ہے، میرے پیارے بچو"

"Pero padre", dijo Bella

"لیکن ابا، "خوبصورتی نے کہا

"No irás al palacio sin mí"

"تم میرے بغیر محل نہیں جاو گے"

"No puedes impedir que te siga"

"آپ مجھے اپنے پیچھے چلنے سے نہیں روک سکتے"

Nada podría convencer a Bella de lo contrario.

کچھ بھی دوسری صورت میں خوبصورتی کو قائل نہیں کر سکتا

Ella insistió en ir al bello palacio.

اس نے عمدہ محل جانے پر اصرار کیا

y sus hermanas estaban encantadas con su insistencia

اور اس کی بہنیں اس کے اصرار پر خوش ہوئیں

El comerciante estaba preocupado ante la idea de perder a su hija.

سوداگر اپنی بیٹی کو کھونے کا سوچ کر پریشان تھا۔

Estaba tan preocupado que se había olvidado del cofre lleno de oro.

وہ اتنا پریشان تھا کہ سونے سے بھرے سینے کو بھول گیا تھا۔

Por la noche se retiró a descansar y cerró la puerta de su habitación.

رات کو وہ آرام کرنے کے لیے ریٹائر ہوا، اور اس نے اپنے کمرے کا دروازہ بند کر دیا۔

Entonces, para su gran asombro, encontró el tesoro junto a su cama.

پھر، اس کی بڑی حیرانی، اس نے خزانہ اپنے پلنگ کے پاس پایا

Estaba decidido a no contárselo a sus hijos.

اس نے اپنے بچوں کو نہ بتانے کا تہیہ کر رکھا تھا۔

Si lo supieran, hubieran querido regresar al pueblo.

اگر وہ جانتے تو وہ شہر واپس جانا چاہتے

y estaba decidido a no abandonar el campo

اور اس نے دیہی علاقوں کو نہ چھوڑنے کا عزم کیا۔

Pero él confió a Bella el secreto.

لیکن اس نے راز کے ساتھ خوبصورتی پر بھروسہ کیا۔

Ella le informó que dos caballeros habían llegado.

اس نے اسے اطلاع دی کہ دو حضرات آئے ہیں۔

y le hicieron propuestas a sus hermanas

اور انہوں نے اس کی بہنوں کو تجویز پیش کی۔

Ella le rogó a su padre que consintiera su matrimonio.

اس نے اپنے والد سے ان کی شادی کے لیے رضامندی کی درخواست کی۔

y ella le pidió que les diera algo de su fortuna

اور اس نے اس سے کہا کہ وہ انہیں اپنی خوش قسمتی میں سے کچھ دے دے۔

Ella ya los había perdonado.

وہ انہیں پہلے ہی معاف کر چکی تھی۔

Las malvadas criaturas se frotaron los ojos con cebollas.

شریروں نے اپنی آنکھیں پیاز سے رگڑیں۔

Para forzar algunas lágrimas cuando se separaron de su hermana.

جب وہ اپنی بہن سے جدا ہوئے تو کچھ آنسو بہانے کے لیے

Pero sus hermanos realmente estaban preocupados.

لیکن اس کے بھائی واقعی فکر مند تھے۔

Bella fue la única que no derramó ninguna lágrima.

خوبصورتی صرف وہی تھی جس نے کوئی آنسو نہیں بہایا

Ella no quería aumentar su malestar.

وہ ان کی بے چینی میں اضافہ نہیں کرنا چاہتی تھی۔

El caballo tomó el camino directo al palacio.

گھوڑے نے محل کی سیدھی سڑک لی

y hacia la tarde vieron el palacio iluminado

اور شام کو انہوں نے روشن محل دیکھا

El caballo volvió a entrar solo en el establo.

گھوڑے نے خود کو دوبارہ اصطبل میں لے لیا۔

Y el buen hombre y su hija entraron en el gran salón.

اور نیک آدمی اور اس کی بیٹی عظیم ہال میں چلے گئے۔

Aquí encontraron una mesa espléndidamente servida.

یہاں انہیں ایک میز شاندار طریقے سے پیش کی گئی ہے۔

El comerciante no tenía apetito para comer

سوداگر کو کھانے کی بھوک نہیں تھی۔

Pero Bella se esforzó por parecer alegre.

لیکن خوبصورتی نے خوش نظر آنے کی کوشش کی۔

Ella se sentó a la mesa y ayudó a su padre.

وہ میز پر بیٹھ گئی اور اپنے باپ کی مدد کی۔

Pero también pensó para sí misma:

لیکن اس نے خود سے بھی سوچا :

"La bestia seguramente quiere engordarme antes de comerme"

"درندہ ضرور مجھے کھانے سے پہلے موٹا کرنا چاہتا ہے "

"Por eso ofrece tanto entretenimiento"

"اسی لیے وہ اتنی بھرپور تفریح فراہم کرتا ہے "

Después de haber comido oyeron un gran ruido.

کھانے کے بعد انہوں نے ایک بڑا شور سنا

Y el comerciante se despidió de su desdichado hijo con lágrimas en los ojos.

اور تاجر نے آنکھوں میں آنسو لیے اپنے بدقسمت بچے کو الوداع کیا۔

Porque sabía que la bestia venía

کیونکہ وہ جانتا تھا کہ حیوان آنے والا ہے۔
Bella estaba aterrorizada por su horrible forma.
خوبصورتی اس کی بھیانک شکل سے گھبرا گئی تھی۔
Pero ella tomó coraje lo mejor que pudo.
لیکن وہ جتنی ہمت کر سکتی تھی۔
Y el monstruo le preguntó si venía voluntariamente.
اور عفریت نے اس سے پوچھا کہ کیا وہ اپنی مرضی سے آئی ہے؟
-Sí, he venido voluntariamente -dijo temblando.
"ہاں، میں اپنی مرضی سے آئی ہوں۔ "وہ کانپتے ہوئے بولی۔
La bestia respondió: "Eres muy bueno"
جانور نے جواب دیا" تم بہت اچھے ہو "
"Y te lo agradezco mucho, hombre honesto"
"اور میں آپ کا بہت پابند ہوں؛ ایماندار آدمی "
"Continuad vuestro camino mañana por la mañana"
"کل صبح اپنے راستے پر جاؤ "
"Pero nunca pienses en venir aquí otra vez"
"لیکن پھر کبھی یہاں آنے کا نہ سوچنا "
"Adiós bella, adiós bestia", respondió.
"الوداعی خوبصورتی، الوداعی جانور، "اس نے جواب دیا۔
Y de inmediato el monstruo se retiró.
اور عفریت فوراً پیچھے ہٹ گیا۔
"Oh, hija", dijo el comerciante.
’’اوہ بیٹی، ‘‘سوداگر نے کہا
y abrazó a su hija una vez más
اور اس نے ایک بار پھر اپنی بیٹی کو گلے لگایا
"Estoy casi muerto de miedo"
"میں موت سے تقریباً خوفزدہ ہوں "
"Créeme, será mejor que regreses"
"مجھ پر یقین کرو، آپ کو واپس جانا بہتر تھا "
"déjame quedarme aquí, en tu lugar"
"آپ کی بجائے مجھے یہیں رہنے دو "
—No, padre —dijo Bella con tono decidido.
’’نہیں ابا، ‘‘خوبصورتی نے پر عزم لہجے میں کہا
"Partirás mañana por la mañana"
"آپ کل صبح روانہ ہو جائیں گے "
"déjame al cuidado y protección de la providencia"

"مجھے پروویڈنس کی دیکھ بھال اور تحفظ پر چھوڑ دو "
Aún así se fueron a la cama
اس کے باوجود وہ بستر پر چلے گئے
Pensaron que no cerrarían los ojos en toda la noche.
ان کا خیال تھا کہ وہ ساری رات آنکھیں بند نہیں کریں گے۔
pero justo cuando se acostaron se durmieron
لیکن جیسے ہی وہ لیٹ گئے وہ سو گئے۔
Bella soñó que una bella dama se acercó y le dijo:
خوبصورتی نے خواب میں دیکھا کہ ایک حسین عورت آئی اور اس سے کہنے لگی :

"Estoy contento, bella, con tu buena voluntad"
"میں مطمئن ہوں، خوبصورتی، آپ کی مرضی سے "
"Esta buena acción tuya no quedará sin recompensa"
"تمہارا یہ نیک عمل بے نتیجہ نہیں جائے گا "
Bella se despertó y le contó a su padre su sueño.
خوبصورتی بیدار ہوئی اور اپنے والد کو اپنا خواب سنایا
El sueño ayudó a consolarlo un poco.
خواب نے اسے تھوڑا سا تسلی دینے میں مدد کی۔
Pero no pudo evitar llorar amargamente mientras se marchaba.
لیکن جب وہ جا رہا تھا تو وہ بلک بلک کر رونے میں مدد نہیں کر سکا
Tan pronto como se fue, Bella se sentó en el gran salón y lloró también.
جیسے ہی وہ چلا گیا، خوبصورتی بھی بڑے ہال میں بیٹھ گئی اور رونے لگی
Pero ella decidió no sentirse inquieta.
لیکن اس نے پریشان نہ ہونے کا عزم کیا۔
Ella decidió ser fuerte por el poco tiempo que le quedaba de vida.
اس نے اس تھوڑے وقت کے لیے مضبوط ہونے کا فیصلہ کیا جو اس نے جینے کے لیے چھوڑا تھا۔
Porque creía firmemente que la bestia la comería.
کیونکہ اسے پختہ یقین تھا کہ درندہ اسے کھا جائے گا۔
Sin embargo, pensó que también podría explorar el palacio.
تاہم، اس نے سوچا کہ وہ محل کو بھی تلاش کر سکتی ہے۔
y ella quería ver el hermoso castillo

اور وہ عمدہ قلعہ دیکھنا چاہتی تھی۔
Un castillo que no pudo evitar admirar.
ایک محل جس کی تعریف کرنے میں وہ مدد نہیں کر سکتی تھی۔
Era un palacio deliciosamente agradable.
یہ ایک خوشگوار خوشگوار محل تھا۔
y ella se sorprendió muchísimo al ver una puerta
اور وہ ایک دروازہ دیکھ کر بہت حیران ہوئی۔
Y sobre la puerta estaba escrito que era su habitación.
اور دروازے پر لکھا تھا کہ یہ اس کا کمرہ ہے۔
Ella abrió la puerta apresuradamente
اس نے جلدی سے دروازہ کھولا۔
y ella quedó completamente deslumbrada con la magnificencia de la habitación.
اور وہ کمرے کی شان و شوکت سے کافی حیران تھی۔
Lo que más le llamó la atención fue una gran biblioteca.
جس چیز نے بنیادی طور پر اس کی توجہ حاصل کی وہ ایک بڑی لائبریری تھی۔
Un clavicémbalo y varios libros de música.
ایک ہارپسیکورڈ اور موسیقی کی کئی کتابیں۔
"Bueno", se dijo a sí misma.
"اچھا "اس نے اپنے آپ سے کہا
"Veo que la bestia no dejará que mi tiempo cuelgue pesadamente"
"میں دیکھ رہا ہوں کہ درندہ میرا وقت بھاری نہیں ہونے دے گا "
Entonces reflexionó sobre su situación.
پھر اس نے اپنی صورت حال کے بارے میں سوچا۔
"Si me hubiera quedado un día, todo esto no estaría aquí"
"اگر میں ایک دن ٹھہرنا چاہتا تو یہ سب یہاں نہ ہوتا "
Esta consideración le inspiró nuevo coraje.
اس غور و فکر نے اسے تازہ ہمت سے متاثر کیا۔
y tomó un libro de su nueva biblioteca
اور اس نے اپنی نئی لائبریری سے ایک کتاب لی
y leyó estas palabras en letras doradas:
اور اس نے یہ الفاظ سنہری حروف میں پڑھے :
"Bienvenida Bella, destierra el miedo"
"خوبصورتی کو خوش آمدید، خوف کو دور کریں "

"Eres reina y señora aquí"

"آپ یہاں ملکہ اور مالکن ہیں"

"Di tus deseos, di tu voluntad"

"اپنی مرضی بولو، اپنی مرضی بولو"

"Aquí la obediencia rápida cumple tus deseos"

"تیز فرمانبرداری یہاں آپ کی خواہشات کو پورا کرتی ہے"

"¡Ay!", dijo ella con un suspiro.

"افسوس" اس نے ایک آہ بھرتے ہوئے کہا

"Lo que más deseo es ver a mi pobre padre"

"سب سے زیادہ میں اپنے غریب والد کو دیکھنا چاہتا ہوں"

"y me gustaría saber qué está haciendo"

"اور میں جاننا چاہوں گا کہ وہ کیا کر رہا ہے"

Tan pronto como dijo esto se dio cuenta del espejo.

یہ کہتے ہی اس کی نظر آئینے پر پڑی۔

Para su gran asombro, vio su propia casa en el espejo.

حیرت سے اس نے آئینے میں اپنا گھر دیکھا

Su padre llegó emocionalmente agotado.

اس کے والد جذباتی طور پر تھکے ہوئے پہنچے

Sus hermanas fueron a recibirlo

اس کی بہنیں اس سے ملنے گئیں۔

A pesar de sus intentos de parecer tristes, su alegría era visible.

غمگین ظاہر ہونے کی کوشش کے باوجود ان کی خوشی نظر آ رہی تھی۔

Un momento después todo desapareció

ایک لمحے کے بعد سب کچھ غائب ہو گیا

Y las aprensiones de Bella también desaparecieron.

اور خوبصورتی کے خدشات بھی ختم ہو گئے۔

porque sabía que podía confiar en la bestia

کیونکہ وہ جانتی تھی کہ وہ اس جانور پر بھروسہ کر سکتی ہے۔

Al mediodía encontró la cena lista.

دوپہر کو اسے رات کا کھانا تیار پایا

Ella se sentó a la mesa

وہ خود میز پر بیٹھ گیا

y se entretuvo con un concierto de música

اور وہ موسیقی کے کنسرٹ سے محظوظ ہوئی تھی۔

Aunque no podía ver a nadie

حالانکہ وہ کسی کو نہیں دیکھ سکتی تھی۔

Por la noche se sentó a cenar otra vez

رات کو وہ دوبارہ کھانے کے لیے بیٹھ گئی۔

Esta vez escuchó el ruido que hizo la bestia.

اس بار اس نے جانور کی آواز سنی

y ella no pudo evitar estar aterrorizada

اور وہ خوفزدہ ہو کر مدد نہیں کر سکتی تھی۔

"belleza", dijo el monstruo

"خوبصورتی، "عفریت نے کہا

"¿Me permites comer contigo?"

"کیا تم مجھے اپنے ساتھ کھانے کی اجازت دیتے ہو؟ "

"Haz lo que quieras", respondió Bella temblando.

"جو مرضی کرو "خوبصورتی نے کانپتے ہوئے جواب دیا۔

"No", respondió la bestia.

نہیں، "جانور نے جواب دیا۔

"Sólo tú eres la señora aquí"

"یہاں تم اکیلی مالکن ہو "

"Puedes despedirme si soy problemático"

"اگر میں پریشان ہوں تو آپ مجھے بھیج سکتے ہیں "

"Despídeme y me retiraré inmediatamente"

"مجھے بھیج دو میں فوراً واپس چلا جاؤں گا "

-Pero dime, ¿no te parece que soy muy fea?

"لیکن، بتاؤ، کیا تمہیں نہیں لگتا کہ میں بہت بدصورت ہوں؟ "

"Eso es verdad", dijo Bella.

"یہ سچ ہے، ''خوبصورتی نے کہا

"No puedo decir una mentira"

"میں جھوٹ نہیں بول سکتا "

"Pero creo que tienes muy buen carácter"

"لیکن مجھے یقین ہے کہ تم بہت اچھی طبیعت کے ہو "

"Sí, lo soy", dijo el monstruo.

"میں واقعی ہوں، "عفریت نے کہا

"Pero aparte de mi fealdad, tampoco tengo sentido"

"لیکن میری بدصورتی کے علاوہ مجھے کوئی عقل بھی نہیں ہے "

"Sé muy bien que soy una criatura tonta"

"میں اچھی طرح جانتا ہوں کہ میں ایک پاگل مخلوق ہوں "

—No es ninguna locura pensar así —replicó Bella.
"ایسا سوچنا حماقت کی علامت نہیں ہے،" خوبصورتی نے جواب دیا۔
"Come entonces, bella", dijo el monstruo.
"پھر کھاؤ، خوبصورتی،" عفریت نے کہا
"Intenta divertirte en tu palacio"
"اپنے محل میں اپنے آپ کو تفریح کرنے کی کوشش کریں"
"Todo aquí es tuyo"
"یہاں سب کچھ تمہارا ہے"
"Y me sentiría muy incómodo si no fueras feliz"
"اور اگر آپ خوش نہ ہوں تو میں بہت پریشان ہوں گا"
-Eres muy servicial -respondió Bella.
خوبصورتی نے جواب دیا" آپ بہت پابند ہیں"
"Admito que estoy complacido con su amabilidad"
"میں تسلیم کرتا ہوں کہ میں آپ کی مہربانی سے خوش ہوں"
"Y cuando considero tu bondad, apenas noto tus deformidades"
"اور جب میں آپ کی مہربانیوں پر غور کرتا ہوں تو مجھے آپ کی خرابیوں پر نظر نہیں آتی"
"Sí, sí", dijo la bestia, "mi corazón es bueno".
"ہاں، ہاں،" جانور نے کہا،" میرا دل اچھا ہے۔
"Pero aunque soy bueno, sigo siendo un monstruo"
"لیکن اگرچہ میں اچھا ہوں، میں اب بھی ایک عفریت ہوں"
"Hay muchos hombres que merecen ese nombre más que tú"
"بہت سے مرد ہیں جو اس نام کے تم سے زیادہ مستحق ہیں"
"Y te prefiero tal como eres"
"اور میں تمہیں ویسے ہی ترجیح دیتا ہوں جیسے تم ہو"
"y te prefiero más que a aquellos que esconden un corazón ingrato"
"اور میں تمہیں ناشکرے دل کو چھپانے والوں سے زیادہ پسند کرتا ہوں"
"Si tuviera algo de sentido común", respondió la bestia.
"کاش میں کچھ سمجھ پاتا" جانور نے جواب دیا۔
"Si tuviera sentido común, te haría un buen cumplido para agradecerte"
"اگر مجھے احساس ہوتا تو میں آپ کا شکریہ ادا کرنے کے لیے اچھی تعریف کروں گا"

"Pero soy tan aburrida"

"لیکن میں بہت بیوقوف ہوں "

"Sólo puedo decir que le estoy muy agradecido"

"میں صرف اتنا کہہ سکتا ہوں کہ میں آپ کا بہت پابند ہوں "

Bella comió una cena abundante

خوبصورتی نے ایک دلکش رات کا کھانا کھایا

y ella casi había superado su miedo al monstruo

اور اس نے عفریت سے اپنے خوف پر تقریباً فتح حاصل کر لی تھی۔

Pero ella quería desmayarse cuando la bestia le hizo la siguiente pregunta.

لیکن وہ بیہوش ہو جانا چاہتی تھی جب درندے نے اس سے اگلا سوال پوچھا

"Belleza, ¿quieres ser mi esposa?"

"خوبصورتی، کیا تم میری بیوی بنو گی؟ "

Ella tardó un tiempo antes de poder responder.

اس نے کچھ وقت لیا اس سے پہلے کہ وہ جواب دے سکے۔

Porque tenía miedo de hacerlo enojar

کیونکہ وہ اسے ناراض کرنے سے ڈرتی تھی۔

Al final, sin embargo, dijo: "No, bestia".

تاہم، آخر میں، اس نے کہا" نہیں، جانور "

Inmediatamente el pobre monstruo silbó muy espantosamente.

فوراً ہی غریب عفریت نے بہت خوفناک انداز میں کہا

y todo el palacio hizo eco

اور پورا محل گونج اٹھا

Pero Bella pronto se recuperó de su susto.

لیکن خوبصورتی جلد ہی اس کے خوف سے نکل گئی۔

porque la bestia volvió a hablar con voz triste

کیونکہ جانور نے ایک بار پھر ماتمی آواز میں کہا

"Entonces adiós, belleza"

"پھر الوداع، خوبصورتی "

y sólo se volvía de vez en cuando

اور وہ صرف اب اور پھر واپس مڑ گیا۔

mirarla mientras salía

جب وہ باہر گیا تو اسے دیکھنے کے لیے

Ahora Bella estaba sola otra vez

اب خوبصورتی پھر اکیلی تھی۔

Ella sintió mucha compasión

اس نے بہت ہمدردی محسوس کی۔

"Ay, es una lástima"

"افسوس، یہ ہزار افسوس ہے "

"algo tan bueno no debería ser tan feo"

"کوئی بھی چیز اتنی اچھی طبیعت کی اتنی بدصورت نہیں ہونی چاہیے "

Bella pasó tres meses muy contenta en palacio.

خوبصورتی نے محل میں تین مہینے بہت اطمینان سے گزارے۔

Todas las noches la bestia le hacía una visita.

ہر شام حیوان اسے ملنے جاتا تھا۔

y hablaron durante la cena

اور وہ رات کے کھانے کے دوران بات کرتے تھے۔

Hablaban con sentido común

انہوں نے عقل سے بات کی۔

Pero no hablaban con lo que la gente llama ingenio.

لیکن انہوں نے اس کے ساتھ بات نہیں کی جسے لوگ گواہی کہتے ہیں۔

Bella siempre descubre algún carácter valioso en la bestia.

خوبصورتی نے ہمیشہ حیوان میں کچھ قیمتی کردار تلاش کیا۔

y ella se había acostumbrado a su deformidad

اور وہ اس کی خرابی کی عادی ہو چکی تھی۔

Ella ya no temía el momento de su visita.

وہ اب اس کے دورے کے وقت سے خوفزدہ نہیں تھی۔

Ahora a menudo miraba su reloj.

اب وہ اکثر اپنی گھڑی کو دیکھتی تھی۔

y ella no podía esperar a que fueran las nueve en punto

اور وہ نو بجنے کا انتظار نہیں کر سکتی تھی۔

Porque la bestia nunca dejaba de venir a esa hora

کیونکہ حیوان نے کبھی بھی اس وقت آنا نہیں چھوڑا تھا۔

Sólo había una cosa que preocupaba a Bella.

صرف ایک چیز تھی جو خوبصورتی سے متعلق تھی۔

Todas las noches antes de irse a dormir la bestia le hacía la misma pregunta.

ہر رات سونے سے پہلے درندے نے اس سے یہی سوال کیا۔

El monstruo le preguntó si sería su esposa.

عفریت نے اس سے پوچھا کہ کیا وہ اس کی بیوی ہوگی؟

Un día ella le dijo: "bestia, me pones muy nerviosa"
"ایک دن اس نے اس سے کہا،" جانور، تم مجھے بہت پریشان کرتے ہو "

"Me gustaría poder consentir en casarme contigo"
"کاش میں تم سے شادی کے لیے راضی ہو جاؤں "

"Pero soy demasiado sincero para hacerte creer que me casaría contigo"
"لیکن میں آپ کو یقین دلانے کے لیے بہت مخلص ہوں کہ میں آپ سے شادی کروں گا "

"nuestro matrimonio nunca se realizará"
"ہماری شادی کبھی نہیں ہوگی "

"Siempre te veré como un amigo"
"میں تمہیں ہمیشہ ایک دوست کے طور پر دیکھوں گا "

"Por favor, trate de estar satisfecho con esto"
"براہ کرم اس سے مطمئن ہونے کی کوشش کریں "

"Debo estar satisfecho con esto", dijo la bestia.
"مجھے اس سے مطمئن ہونا چاہیے، "جانور نے کہا

"Conozco mi propia desgracia"
"میں اپنی بدقسمتی جانتا ہوں "

"pero te amo con el más tierno cariño"
"لیکن میں تم سے سب سے زیادہ پیار سے پیار کرتا ہوں "

"Sin embargo, debo considerarme feliz"
"تاہم، مجھے خود کو خوش سمجھنا چاہیے "

"Y me alegraría que te quedaras aquí"
"اور مجھے خوش ہونا چاہیے کہ تم یہیں رہو گے۔ "

"Prométeme que nunca me dejarás"
"مجھ سے وعدہ کرو کہ مجھے کبھی نہیں چھوڑوں گا "

Bella se sonrojó ante estas palabras.
خوبصورتی ان الفاظ پر شرما گئی۔

Un día Bella se estaba mirando en el espejo.
ایک دن خوبصورتی اپنے آئینے میں دیکھ رہی تھی۔

Su padre se había preocupado muchísimo por ella.
اس کے والد نے اس کے لیے خود کو بیمار کرنے کی فکر کی تھی۔

Ella anhelaba verlo de nuevo más que nunca.
وہ اسے پہلے سے کہیں زیادہ دوبارہ دیکھنے کی خواہش رکھتی تھی۔

"Podría prometerte que nunca te abandonaré por completo"
"میں وعدہ کر سکتا ہوں کہ آپ کو کبھی نہیں چھوڑوں گا "

"Pero tengo un deseo tan grande de ver a mi padre"
"لیکن مجھے اپنے والد سے ملنے کی بہت خواہش ہے "
"Me molestaría muchísimo si dijeras que no"
"اگر آپ نہیں کہتے تو میں ناممکن طور پر پریشان ہو جاؤں گا "
"Preferiría morir yo mismo", dijo el monstruo.
عفریت نے کہا،'' میں خود مرنا چاہتا تھا۔
"Prefiero morir antes que hacerte sentir incómodo"
"میں تمہیں بے چینی محسوس کرنے کے بجائے مرنا پسند کروں گا "
"Te enviaré con tu padre"
"میں تمہیں تمہارے باپ کے پاس بھیج دوں گا "
"permanecerás con él"
"تم اس کے ساتھ رہو گے "
"y esta desafortunada bestia morirá de pena en su lugar"
"اور یہ بدقسمت درندہ اس کے بجائے غم سے مر جائے گا "
"No", dijo Bella, llorando.
نہیں "خوبصورتی نے روتے ہوئے کہا
"Te amo demasiado para ser la causa de tu muerte"
"میں تم سے اتنی محبت کرتا ہوں کہ تمہاری موت کا سبب بنوں "
"Te doy mi promesa de regresar en una semana"
"میں تمہیں ایک ہفتے میں واپس آنے کا وعدہ کرتا ہوں "
"Me has demostrado que mis hermanas están casadas"
"تم نے مجھے دکھایا کہ میری بہنیں شادی شدہ ہیں "
"y mis hermanos se han ido al ejército"
"اور میرے بھائی فوج میں گئے ہیں "
"déjame quedarme una semana con mi padre, ya que está solo"
"مجھے اپنے والد کے ساتھ ایک ہفتہ رہنے دو، کیونکہ وہ اکیلے ہیں "
"Estarás allí mañana por la mañana", dijo la bestia.
"تم کل صبح وہاں ہو، "جانور نے کہا
"pero recuerda tu promesa"
"لیکن اپنا وعدہ یاد رکھنا "
"Solo tienes que dejar tu anillo sobre una mesa antes de irte a dormir"
"آپ کو سونے سے پہلے صرف اپنی انگوٹھی میز پر رکھنا ہے "
"Y luego serás traído de regreso antes de la mañana"
"اور پھر تمہیں صبح سے پہلے واپس لایا جائے گا "

"Adiós querida belleza", suspiró la bestia.
"الوداعی پیاری خوبصورتی، "جانور نے آہ بھری۔
Bella se fue a la cama muy triste esa noche.
خوبصورتی اس رات بہت اداس بستر پر چلی گئی۔
Porque no quería ver a la bestia tan preocupada.
کیونکہ وہ جانور کو اتنا پریشان نہیں دیکھنا چاہتی تھی۔
A la mañana siguiente se encontró en la casa de su padre.
اگلی صبح اس نے خود کو اپنے والد کے گھر پایا
Ella hizo sonar una campanita junto a su cama.
اس نے اپنے پلنگ کے پاس ایک چھوٹی گھنٹی بجائی
y la criada dio un grito fuerte
اور نوکرانی نے ایک زوردار چیخ ماری۔
y su padre corrió escaleras arriba
اور اس کا باپ اوپر بھاگا۔
Él pensó que iba a morir de alegría.
اس نے سوچا کہ وہ خوشی سے مرنے والا ہے۔
La sostuvo en sus brazos durante un cuarto de hora.
اس نے چوتھائی گھنٹے تک اسے اپنی بانہوں میں پکڑے رکھا
Finalmente los primeros saludos terminaron.
آخرکار پہلا سلام ختم ہوا۔
Bella empezó a pensar en levantarse de la cama.
خوبصورتی بستر سے اٹھنے کا سوچنے لگی
pero se dio cuenta de que no había traído ropa
لیکن اسے احساس ہوا کہ وہ کپڑے نہیں لائی تھی۔
pero la criada le dijo que había encontrado una caja
لیکن نوکرانی نے اسے بتایا کہ اسے ایک ڈبہ ملا ہے۔
El gran baúl estaba lleno de vestidos y batas.
بڑا ٹرنک گاؤن اور لباس سے بھرا ہوا تھا۔
Cada vestido estaba cubierto de oro y diamantes.
ہر گاؤن سونے اور ہیروں سے ڈھکا ہوا تھا۔
Bella agradeció a la Bestia por su amable atención.
خوبصورتی نے اپنی قسم کی دیکھ بھال کے لئے جانور کا شکریہ ادا کیا۔
y tomó uno de los vestidos más sencillos
اور اس نے سادہ ترین لباس میں سے ایک لے لیا۔
Ella tenía la intención de regalar los otros vestidos a sus

hermanas.
اس نے دوسرے کپڑے اپنی بہنوں کو دینے کا ارادہ کیا۔
Pero ante ese pensamiento el arcón de ropa desapareció.
لیکن یہ سوچتے ہی کپڑوں کا سینہ غائب ہو گیا۔
La bestia había insistido en que la ropa era solo para ella.
جانور نے اصرار کیا تھا کہ کپڑے صرف اس کے لیے ہیں۔
Su padre le dijo que ese era el caso.
اس کے والد نے اسے بتایا کہ یہ معاملہ تھا۔
Y enseguida volvió el baúl de la ropa.
اور فوراً ہی کپڑوں کا ٹرنک دوبارہ واپس آ گیا۔
Bella se vistió con su ropa nueva
خوبصورتی نے خود کو اپنے نئے کپڑوں سے سجایا
Y mientras tanto las doncellas fueron a buscar a sus hermanas.
اور اس دوران لونڈیاں اپنی بہنوں کو ڈھونڈنے چلی گئیں۔
Ambas hermanas estaban con sus maridos.
اس کی دونوں بہنیں اپنے شوہروں کے ساتھ تھیں۔
Pero sus dos hermanas estaban muy infelices.
لیکن اس کی دونوں بہنیں بہت ناخوش تھیں۔
Su hermana mayor se había casado con un caballero muy guapo.
اس کی سب سے بڑی بہن نے ایک بہت ہی خوبصورت شریف آدمی سے شادی کی تھی۔
Pero estaba tan enamorado de sí mismo que descuidó a su esposa.
لیکن وہ اپنے آپ کو اتنا پسند کرتا تھا کہ اس نے اپنی بیوی کو نظر انداز کیا۔
Su segunda hermana se había casado con un hombre ingenioso.
اس کی دوسری بہن نے ایک ذہین آدمی سے شادی کی تھی۔
Pero usó su ingenio para atormentar a la gente.
لیکن اس نے لوگوں کو اذیت دینے کے لیے اپنی گواہی کا استعمال کیا۔
Y atormentaba a su esposa sobre todo.
اور اس نے اپنی بیوی کو سب سے زیادہ اذیت دی۔
Las hermanas de Bella la vieron vestida como una princesa
خوبصورتی کی بہنوں نے اسے شہزادی کی طرح ملبوس دیکھا

y se enfermaron de envidia

اور وہ حسد سے بیمار تھے۔

Ahora estaba más bella que nunca

اب وہ پہلے سے زیادہ خوبصورت تھی۔

Su comportamiento cariñoso no pudo sofocar sus celos.

اس کا پیار بھرا رویہ ان کے حسد کو ختم نہ کر سکا

Ella les contó lo feliz que estaba con la bestia.

اس نے انہیں بتایا کہ وہ اس جانور سے کتنی خوش ہے۔

y sus celos estaban a punto de estallar

اور ان کی حسد پھٹنے کو تیار تھی۔

Bajaron al jardín a llorar su desgracia.

وہ اپنی بدقسمتی پر رونے کے لیے باغ میں اتر گئے۔

"¿En qué sentido esta pequeña criatura es mejor que nosotros?"

"یہ چھوٹی مخلوق ہم سے کس لحاظ سے بہتر ہے؟ "

"¿Por qué debería estar mucho más feliz?"

"وہ اتنی زیادہ خوش کیوں ہو؟ "

"Hermana", dijo la hermana mayor.

''بہن، ''بڑی بہن نے کہا

"Un pensamiento acaba de golpear mi mente"

"میرے دماغ میں ابھی ایک خیال آیا "

"Intentemos mantenerla aquí más de una semana"

"آئیے اسے ایک ہفتے سے زیادہ یہاں رکھنے کی کوشش کریں "

"Quizás esto enfurezca al tonto monstruo"

"شاید یہ پاگل عفریت کو مشتعل کرے گا "

"porque ella hubiera faltado a su palabra"

"کیونکہ اس نے اپنا لفظ توڑ دیا ہوگا "

"y entonces podría devorarla"

"اور پھر وہ اسے کھا سکتا ہے "

"Esa es una gran idea", respondió la otra hermana.

"یہ بہت اچھا خیال ہے ، "دوسری بہن نے جواب دیا۔

"Debemos mostrarle la mayor amabilidad posible"

"ہمیں اس سے زیادہ سے زیادہ مہربانی کا مظاہرہ کرنا چاہیے "

Las hermanas tomaron esta resolución

بہنوں نے اس کو اپنا قرار دیا۔

y se comportaron con mucho cariño con su hermana

اور وہ اپنی بہن کے ساتھ بہت پیار سے پیش آئے
La pobre belleza lloró de alegría por toda su bondad.
غریب خوبصورتی اپنی تمام مہربانیوں سے خوشی کے لیے رو پڑی۔
Cuando la semana se cumplió, lloraron y se arrancaron el pelo.
جب ہفتہ ختم ہو گیا تو وہ روئے اور اپنے بال پھاڑ ڈالے۔
Parecían muy apenados por separarse de ella.
وہ اس کے ساتھ الگ ہونے کے لئے بہت افسوسناک لگ رہے تھے
y Bella prometió quedarse una semana más
اور خوبصورتی نے ایک ہفتہ مزید رہنے کا وعدہ کیا۔
Mientras tanto, Bella no pudo evitar reflexionar sobre sí misma.
اس دوران، خوبصورتی خود پر غور کرنے میں مدد نہیں کر سکی
Ella se preocupaba por lo que le estaba haciendo a la pobre bestia.
وہ پریشان تھی کہ وہ غریب جانور کے ساتھ کیا کر رہی ہے۔
Ella sabía que lo amaba sinceramente.
وہ جانتی ہے کہ وہ اس سے سچے دل سے پیار کرتی تھی۔
Y ella realmente anhelaba verlo otra vez.
اور وہ واقعی میں اسے دوبارہ دیکھنے کی خواہشمند تھی۔
La décima noche también la pasó en casa de su padre.
دسویں رات اس نے اپنے والد کے پاس بھی گزاری۔
Ella soñó que estaba en el jardín del palacio.
اس نے خواب میں دیکھا کہ وہ محل کے باغ میں ہے۔
y soñó que veía a la bestia extendida sobre la hierba
اور اس نے خواب میں دیکھا کہ اس جانور کو گھاس پر پھیلا ہوا ہے۔
Parecía reprocharle con voz moribunda
وہ مرتی ہوئی آواز میں اسے ملامت کرتا دکھائی دیا۔
y la acusó de ingratitud
اور اس نے اس پر ناشکری کا الزام لگایا
Bella se despertó de su sueño.
خوبصورتی نیند سے بیدار ہو گئی۔
y ella estalló en lágrimas
اور وہ رو پڑی۔
"¿No soy muy malvado?"
"کیا میں بہت برا نہیں ہوں؟"

"¿No fue cruel de mi parte actuar tan cruelmente con la bestia?"

"کیا یہ مجھ پر ظلم نہیں تھا کہ میں اس درندے کے ساتھ اس قدر بے رحمی سے پیش آؤں؟ "

"La bestia hizo todo lo posible para complacerme"

"حیوان نے مجھے خوش کرنے کے لیے سب کچھ کیا "

-¿Es culpa suya que sea tan feo?

"کیا اس کا قصور ہے کہ وہ اتنا بدصورت ہے؟ "

¿Es culpa suya que tenga tan poco ingenio?

"کیا اس کا قصور یہ ہے کہ اس کی عقل اتنی کم ہے؟ "

"Él es amable y bueno, y eso es suficiente"

"وہ مہربان اور اچھا ہے اور یہی کافی ہے "

"¿Por qué me negué a casarme con él?"

"میں نے اس سے شادی سے انکار کیوں کیا؟ "

"Debería estar feliz con el monstruo"

"مجھے راکشس سے خوش ہونا چاہئے "

"Mira los maridos de mis hermanas"

"میری بہنوں کے شوہروں کو دیکھو "

"ni el ingenio ni la belleza los hacen buenos"

"نہ گواہی اور نہ ہی خوبصورت ہونا انہیں اچھا بناتا ہے "

"Ninguno de sus maridos las hace felices"

"ان کے شوہروں میں سے کوئی بھی انہیں خوش نہیں کرتا "

"pero virtud, dulzura de carácter y paciencia"

"لیکن نیکی، مزاج کی مٹھاس، اور صبر "

"Estas cosas hacen feliz a una mujer"

"یہ چیزیں عورت کو خوش کرتی ہیں "

"y la bestia tiene todas estas valiosas cualidades"

"اور حیوان میں یہ تمام قیمتی خصوصیات ہیں "

"Es cierto; no siento la ternura del afecto por él"

"یہ سچ ہے؛ مجھے اس کے لیے پیار کی نرمی محسوس نہیں ہوتی "

"Pero encuentro que tengo la más alta gratitud por él"

"لیکن مجھے لگتا ہے کہ میں اس کے لئے سب سے زیادہ شکر گزار ہوں "

"y tengo por él la más alta estima"

"اور میں اس کی سب سے زیادہ عزت کرتا ہوں "

"y él es mi mejor amigo"

"اور وہ میرا سب سے اچھا دوست ہے"

"No lo haré miserable"

"میں اسے دکھی نہیں کروں گا"

"Si fuera tan desagradecido nunca me lo perdonaría"

"اگر میں اتنا ہی ناشکرا ہوتا تو میں خود کو کبھی معاف نہ کرتا "

Bella puso su anillo sobre la mesa.

خوبصورتی نے اپنی انگوٹھی میز پر رکھ دی۔

y ella se fue a la cama otra vez

اور وہ دوبارہ بستر پر چلا گیا

Apenas estaba en la cama cuando se quedó dormida.

وہ سونے سے پہلے بستر پر کم ہی تھی۔

Ella se despertó de nuevo a la mañana siguiente.

وہ اگلی صبح دوبارہ اٹھی۔

Y ella estaba muy contenta de encontrarse en el palacio de la bestia.

اور وہ اپنے آپ کو درندے کے محل میں پا کر بہت خوش تھی۔

Ella se puso uno de sus vestidos más bonitos para complacerlo.

اس نے اسے خوش کرنے کے لیے اپنا ایک بہترین لباس پہنا۔

y ella esperó pacientemente la tarde

اور وہ صبر سے شام کا انتظار کرنے لگی

llegó la hora deseada

آخرکار مطلوبہ گھڑی آ گئی ۔

El reloj dio las nueve, pero ninguna bestia apareció

گھڑی کے نو بج رہے تھے، پھر بھی کوئی جانور نظر نہیں آیا

Bella entonces temió haber sido la causa de su muerte.

خوبصورتی کو پھر خوف ہوا کہ وہ اس کی موت کا سبب بن گئی ہے۔

Ella corrió llorando por todo el palacio.

وہ محل کے چاروں طرف روتی ہوئی بھاگی۔

Después de haberlo buscado por todas partes, recordó su sueño.

ہر جگہ اسے ڈھونڈنے کے بعد اسے اپنا خواب یاد آیا

y ella corrió hacia el canal en el jardín

اور وہ باغ میں نہر کی طرف بھاگی۔

Allí encontró a la pobre bestia tendida.

وہاں اس نے غریب درندہ کو پھیلا ہوا پایا

y estaba segura de que lo había matado

اور اسے یقین تھا کہ اس نے اسے مار ڈالا ہے۔

Ella se arrojó sobre él sin ningún temor.

اس نے بغیر کسی خوف کے اپنے آپ کو اس پر پھینک دیا۔

Su corazón todavía latía

اس کا دل اب بھی دھڑک رہا تھا

Ella fue a buscar un poco de agua al canal.

وہ نہر سے پانی لے کر آئی

y derramó el agua sobre su cabeza

اور اس نے پانی اس کے سر پر انڈیل دیا۔

La bestia abrió los ojos y le habló a Bella.

جانور نے اپنی آنکھیں کھولیں اور خوبصورتی سے بات کی۔

"Olvidaste tu promesa"

"تم اپنا وعدہ بھول گئے "

"Me rompió el corazón haberte perdido"

"تمہیں کھو کر میرا دل بہت ٹوٹا تھا "

"Resolví morirme de hambre"

"میں نے خود کو بھوکا رہنے کا فیصلہ کیا "

"pero tengo la felicidad de verte una vez más"

"لیکن مجھے آپ کو ایک بار پھر دیکھ کر خوشی ہوئی ہے "

"Así tengo el placer de morir satisfecho"

"تو مجھے اطمینان سے مرنے کی خوشی ہے "

"No, querida bestia", dijo Bella, "no debes morir".

"نہیں، پیارے جانور، "خوبصورتی نے کہا،" تمہیں نہیں مرنا چاہیے "

"Vive para ser mi marido"

"میرے شوہر بننے کے لیے جیو "

"Desde este momento te doy mi mano"

"اس لمحے سے میں آپ کو اپنا ہاتھ دیتا ہوں "

"Y juro no ser nadie más que tuyo"

"اور میں قسم کھاتا ہوں کہ آپ کے سوا کوئی نہیں ہوں "

"¡Ay! Creí que sólo tenía una amistad para ti"

"افسوس !میں نے سوچا کہ میری صرف تم سے دوستی ہے "

"Pero el dolor que ahora siento me convence;"

"لیکن اب میں جو غم محسوس کرتا ہوں وہ مجھے یقین دلاتا ہے۔ "

"No puedo vivir sin ti"

"میں تمہارے بغیر نہیں رہ سکتا "

Bella apenas había dicho estas palabras cuando vio una luz.
خوبصورتی قلیل نے روشنی دیکھ کر یہ الفاظ کہے تھے۔
El palacio brillaba con luz
محل روشنی سے جگمگا اٹھا
Los fuegos artificiales iluminaron el cielo
آتش بازی نے آسمان کو جگمگا دیا۔
y el aire se llenó de música
اور ہوا موسیقی سے بھری ہوئی تھی۔
Todo daba aviso de algún gran acontecimiento
ہر چیز نے کسی عظیم واقعہ کا نوٹس دیا۔
Pero nada podía captar su atención.
لیکن کچھ بھی اس کی توجہ نہیں روک سکا
Ella se volvió hacia su querida bestia.
وہ اپنے پیارے جانور کی طرف متوجہ ہوئی۔
La bestia por la que ella temblaba de miedo
وہ جانور جس کے لیے وہ خوف سے کانپ رہی تھی۔
¡Pero su sorpresa fue grande por lo que vio!
لیکن جو کچھ اس نے دیکھا اس پر اس کی حیرت بہت تھی !
La bestia había desaparecido
جانور غائب ہو گیا تھا
En cambio, vio al príncipe más encantador.
اس کے بجائے اس نے سب سے پیارا شہزادہ دیکھا
Ella había puesto fin al hechizo.
اس نے جادو کو ختم کر دیا تھا
Un hechizo bajo el cual se parecía a una bestia.
ایک جادو جس کے تحت وہ ایک جانور سے مشابہت رکھتا تھا۔
Este príncipe era digno de toda su atención.
یہ شہزادہ اس کی پوری توجہ کے لائق تھا۔
Pero no pudo evitar preguntar dónde estaba la bestia.
لیکن وہ مدد نہیں کر سکتی تھی لیکن پوچھتی تھی کہ وہ حیوان کہاں تھا۔
"Lo ves a tus pies", dijo el príncipe.
"آپ اسے اپنے قدموں میں دیکھتے ہیں، "شہزادے نے کہا
"Un hada malvada me había condenado"
"ایک شریر پری نے میری مذمت کی تھی "
"Debía permanecer en esa forma hasta que una hermosa

princesa aceptara casarse conmigo"

"مجھے اسی شکل میں رہنا تھا جب تک کہ ایک خوبصورت شہزادی مجھ سے شادی کرنے پر راضی نہ ہو جائے "

"El hada ocultó mi entendimiento"

"پری نے میری سمجھ چھپائی "

"Fuiste el único lo suficientemente generoso como para quedar encantado con la bondad de mi temperamento"

"میرے مزاج کی بھلائی سے متاثر ہونے کے لیے آپ ہی واحد سخی تھے "

Bella quedó felizmente sorprendida

خوبصورتی خوشی سے حیران تھی

Y le dio la mano al príncipe encantador.

اور اس نے دلکش شہزادے کو اپنا ہاتھ دیا۔

Entraron juntos al castillo

وہ ایک ساتھ محل میں چلے گئے۔

Y Bella se alegró mucho al encontrar a su padre en el castillo.

اور خوبصورتی اپنے والد کو محل میں پا کر بہت خوش تھی۔

y toda su familia estaba allí también

اور اس کا پورا خاندان بھی وہاں موجود تھا۔

Incluso Bella dama que apareció en su sueño estaba allí.

یہاں تک کہ وہ خوبصورت عورت جو اس کے خواب میں نظر آئی

"Belleza", dijo la dama del sueño.

"خوبصورتی، "خواب سے خاتون نے کہا

"ven y recibe tu recompensa"

"آؤ اور اپنا انعام حاصل کرو "

"Has preferido la virtud al ingenio o la apariencia"

"تم نے فضیلت کو عقل یا شکل پر ترجیح دی ہے "

"Y tú mereces a alguien en quien se unan estas cualidades"

"اور آپ کسی ایسے شخص کے مستحق ہیں جس میں یہ خوبیاں یکجا ہوں "

"vas a ser una gran reina"

"آپ ایک عظیم ملکہ بننے والی ہیں "

"Espero que el trono no disminuya vuestra virtud"

"مجھے امید ہے کہ تخت آپ کی فضیلت کو کم نہیں کرے گا "

Entonces el hada se volvió hacia las dos hermanas.

پھر پری دونوں بہنوں کی طرف متوجہ ہوئی۔

"He visto dentro de vuestros corazones"
"میں نے تمہارے دلوں میں دیکھا ہے "
"Y sé toda la malicia que contienen vuestros corazones"
"اور میں جانتا ہوں کہ تمہارے دلوں میں جو بغض ہے "
"Ustedes dos se convertirán en estatuas"
"تم دونوں مجسمے بن جاؤ گے "
"pero mantendréis vuestras mentes"
"لیکن تم اپنا خیال رکھو گے "
"estarás a las puertas del palacio de tu hermana"
"تم اپنی بہن کے محل کے دروازے پر کھڑے رہو گے "
"La felicidad de tu hermana será tu castigo"
"تمہاری بہن کی خوشی تمہاری سزا ہو گی "
"No podréis volver a vuestros antiguos estados"
"آپ اپنی سابقہ ریاستوں میں واپس نہیں جا سکیں گے "
"A menos que ambos admitan sus errores"
"جب تک کہ تم دونوں اپنی غلطیوں کو تسلیم نہ کرو "
"Pero preveo que siempre permaneceréis como estatuas"
"لیکن مجھے اندازہ ہے کہ تم ہمیشہ مجسمے ہی رہو گے "
"El orgullo, la ira, la gula y la ociosidad a veces se vencen"
"غرور، غصہ، پیٹو، اور سستی کبھی کبھی فتح ہو جاتی ہے "
" pero la conversión de las mentes envidiosas y maliciosas son milagros"
"لیکن غیرت مند اور بدنیت ذہنوں کی تبدیلی معجزہ ہے "
Inmediatamente el hada dio un golpe con su varita.
فوراً پری نے اپنی چھڑی سے ایک جھٹکا دیا۔
Y en un momento todos los que estaban en el salón fueron transportados.
اور ایک ہی لمحے میں ہال میں موجود سب کو منتقل کر دیا گیا۔
Habían entrado en los dominios del príncipe.
وہ شہزادے کی سلطنت میں چلے گئے تھے۔
Los súbditos del príncipe lo recibieron con alegría.
شہزادے کی رعایا نے خوشی سے اس کا استقبال کیا۔
El sacerdote casó a Bella y la bestia
پادری نے خوبصورتی اور جانور سے شادی کی۔
y vivió con ella muchos años
اور وہ کئی سال اس کے ساتھ رہا۔

y su felicidad era completa

اور ان کی خوشی مکمل تھی

porque su felicidad estaba fundada en la virtud

کیونکہ ان کی خوشی فضیلت پر قائم تھی۔

El fin
دی اینڈ

www.ingramcontent.com/pod-product-compliance
Lightning Source LLC
Chambersburg PA
CBHW011555070526
44585CB00023B/2618
* 9 7 8 1 8 0 5 7 2 0 9 7 3 *